Dim

Dam

Doum

Dim Dam Doum

La petite bêtise

Magnard Jeunesse

Dim, Dam et Doum se sont déguisés en pirates.
Dim veut être le chef.

« Et moi ? demande Doum.
— Toi, tu seras le moussaillon ! »

Doum, le moussaillon,
trouve un trésor
sous une feuille...

« C'est le trésor
des pirates ! s'écrie Dim.
Il est à moi !
— Non, c'est le collier
de maman ! » dit Dam.

Les enfants se souviennent du jour où
Papa Papillon a offert ce beau collier à maman.

Tout le monde était très content.
Maman Papillon riait tout le temps !

Dim, Dam et Doum se disputent
pour rapporter le collier à maman.

Chacun tire de son côté.
Attention, ça va casser !

CRAC !
Les perles tombent dans l'herbe.

« C'est de ta faute ! hurle Dam.
— Non, c'est toi ! répond Dim. »

Papa Papillon arrive...

« Vous avez fait une bêtise, dit papa,
ce n'est pas grave, mais il faut la réparer.

Ramassez les perles ! Refaisons le collier !
Je vais vous aider. »

Maman Papillon est drôlement contente de revoir son collier : elle le cherchait partout !

« Tu sais, maman, il était tout cassé
et on l'a réparé ! »

Maman Papillon
met son joli collier
autour du cou.

Tout le monde
est content
dans la maison
des papillons !

Mifa

Lili

20, rue Berbier-du-Mets - 75013 Paris - **www.magnard.fr**

Photographie : Marc Chevalier
Retouches colorimétriques : Atelier Fossard
Adaptation d'un scénario de Katherine Roumanoff et Claire Barré de la série tv **Dim Dam Doum, les petits doudous** de Katherine Roumanoff - Sita Productions.

Loi n° 49-956 du 16-07-1949 sur les publications destinées à la jeunesse.
Dépôt légal : septembre 2005 - N° d'éditeur : 2005/200
Achevé d'imprimer en juin 2005 par Leo Paper (Chine).